Rieder · Harmonielehre für Kinder

Barbara Rieder

HARMONIELEHRE FÜR KINDER

illustriert von Nina Goebel

Breitkopf & Härtel

BV 308
ISBN 978-3-7651-0308-7

4. Auflage 2025

Satz: Dinges & Frick GmbH, Wiesbaden
Notengrafik: Ansgar Krause, Krefeld
Druck: Rudolph Druck GmbH & Co. KG, Schweinfurt

Breitkopf & Härtel KG
Walkmühlstraße 52
65195 Wiesbaden, Germany
info@breitkopf.com
www.breitkopf.com

Printed in Germany

*Alle Kinder,
die die Geheimnisse unserer
Musik kennenlernen wollen, sind
eingeladen, ihre Nase in dieses Buch
zu stecken. Ganz gleich, welches Instrument ihr spielt: Wenn ihr bereits Noten
lesen könnt und eure Finger sich beim
Spielen einigermaßen zurechtfinden,
dann nehmt die „Harmonielehre
für Kinder" zu euren Notenheften
und fangt am besten
sofort an.*

Liebe Erwachsene,

Jeder, der selbst musiziert, kennt die Augenblicke, in denen Notenköpfe plötzlich zu bedrohlich vielen unüberschaubaren Punkten geraten und der Spieler nicht mehr weiß, wie er sie unter einen Hut, geschweige denn in Kopf und Hände bekommen soll. Hier möchte die *Harmonielehre für Kinder* Beistand leisten. Das Heft versteht sich als Ergänzung zu jedem Instrumentalunterricht – ganz gleich auf welchem Instrument, ob in der Gruppe oder einzeln gearbeitet wird.

Die Musik als eigene Sprache zu betrachten, hat lange Tradition. Mit diesem Heft liegt eine „Grammatik für Anfänger" vor – und damit ein Angebot, sich mit den althergebrachten Grundregeln der Musiksprache vertraut zu machen. Das Wissen um bestimmte Zusammenhänge erleichtert den Zugang zu unserer Musik ganz wesentlich. Dies kann zu einem tieferen Verständnis dem Musikstück gegenüber führen oder ganz praktisch dazu befähigen, zu Hause rationeller zu üben.

Wer sich nach einem Jahr Unterricht auf seinem Instrument und im Notenlesen schon ein wenig sicher fühlt, kann mit der *Harmonielehre für Kinder* beginnen. Junge Musiker bekommen ein lebendiges Arbeitsheft in die Hand, das die Fundamente unserer Musik anschaulich erklärt und in Bildern verdeutlicht. Zusätzlich gibt es zahlreiche Spielanregungen, so dass die praktische Übung nicht zu kurz und die Theorie zum Klingen kommt.

Die Kapitel sind absichtlich nicht nummeriert worden, um ihre Reihenfolge nicht zwingend festzulegen. So können zum einen im Unterricht auftauchende Fragen gezielt mit Hilfe der jeweiligen Kapitel geklärt werden, ohne dass man gleich das ganze Buch lesen müsste. Freilich erscheint es mir aber lohnenswert die *Harmonielehre für Kinder* systematisch von Anfang bis Ende durchzuarbeiten. In diesem Falle sollte sie regelmäßig ein wenig Platz in der Musikstunde erhalten.

Jerusalem, Frühjahr 2000   Barbara Rieder

INHALT

Gleich im ersten Kapitel wollen wir alle Gitarristen, Bläser und Streicher bitten, sich kurz über die Tasten eines Klaviers führen zu lassen.
Wir legen also unsere eigenen Instrumente für ein Weilchen beiseite und machen uns vertraut mit der Klaviatur. Ihr könnt sie auf dieser Seite kennen lernen und euch die Anordnung der schwarzen und weißen Tasten einprägen.

Nun zu den Intervallen:

Ein Intervall bezeichnet den Abstand zwischen zwei Tönen.

Die Beispiele beginnen alle beim c, aber die Intervalle können natürlich von jedem beliebigen Ton ausgehend gemessen werden.

- Die Prim: ein Schritt auf derselben Taste
- Die Sekund: ein Schritt über 2 Tasten
- Die Terz: ein Sprung über 3 Tasten
- Die Quart: ein Sprung über 4 Tasten
- Die Quint: ein Sprung über 5 Tasten
- Die Sext: ein Sprung über 6 Tasten
- Die Septime: ein Sprung über 7 Tasten
- Die Oktave: ein Sprung über 8 Tasten

Damit wisst ihr das Wichtigste schon.
Aber wer kein Tasteninstrument spielt, wird sich schön bedanken für eine solche Liste – und auch die Klavierspieler werden vielleicht nicht ganz zufrieden sein: Warum hüpft der kleine König denn kein einziges Mal auf die schwarzen Tasten? Wir müssen uns die Intervalle also noch einmal genauer anschauen.

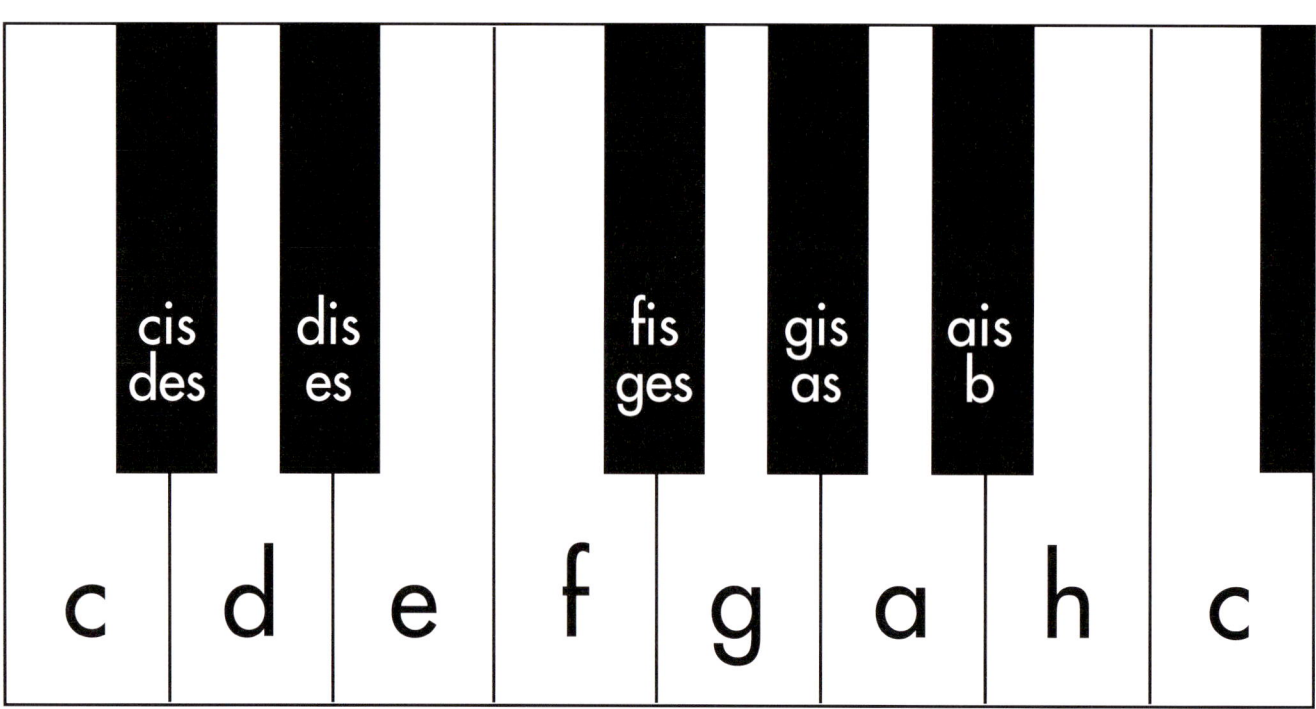

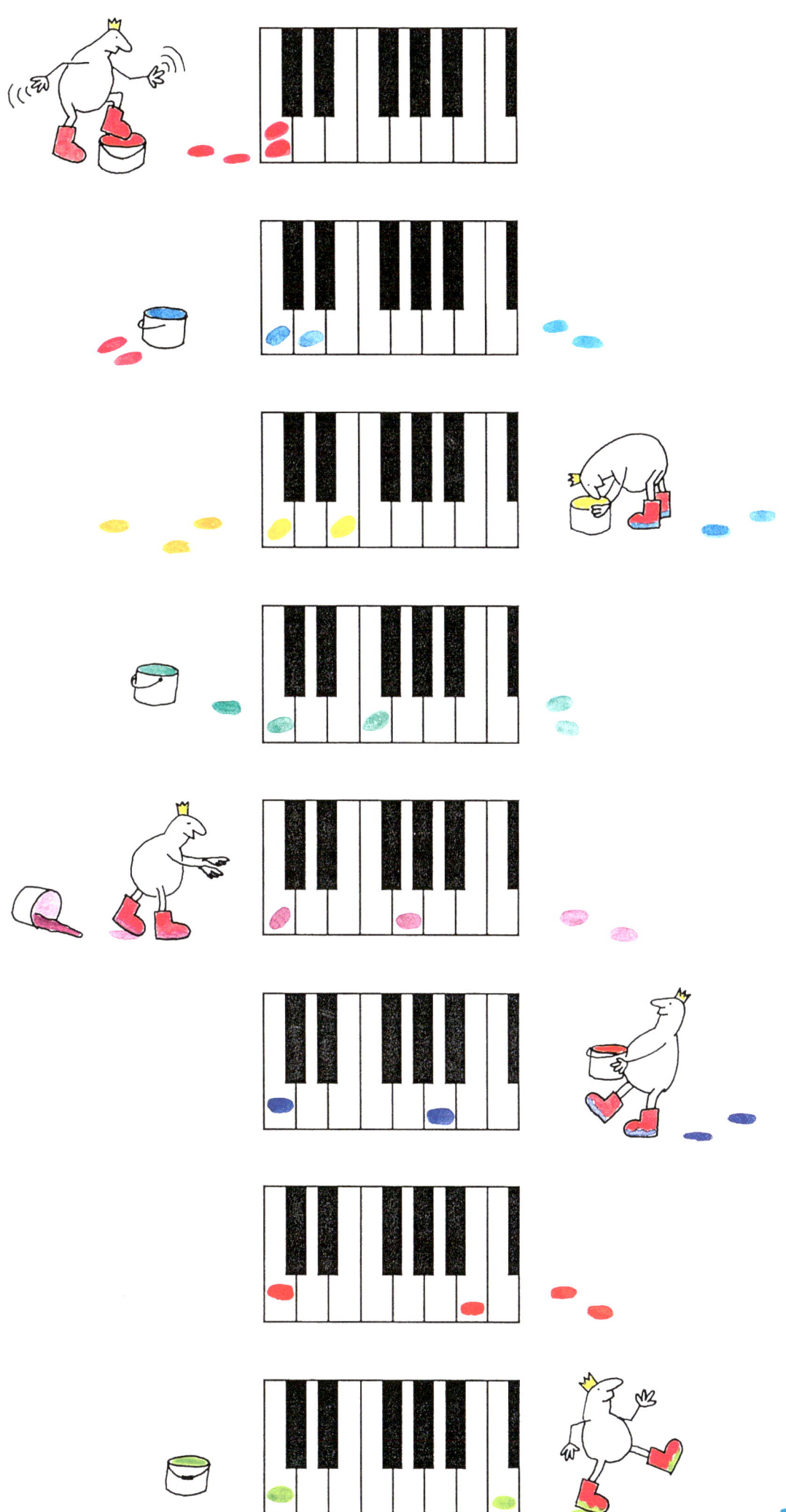

Die kleinen und die großen Intervalle

Sekund

Das Intervall vom c zum d heißt Sekund, aber auch der Schritt vom c zur nächstliegenden schwarzen Taste (zum des) ist eine Sekund. Zur Unterscheidung nennen wir den Schritt vom **c zum des** eine **kleine Sekund** oder einen **Halbtonschritt**, das Intervall vom **c zum d** eine **große Sekund** oder einen **Ganztonschritt**.

Terz

Auch bei der Terz müssen wir unterscheiden: Der Schritt vom **c zum e** wird als **große Terz**, vom **c zum es** als **kleine Terz** bezeichnet.

Jedes Intervall (bis auf die Prim und die Oktave) kann umgedreht werden. Wir probieren das mit der Terz

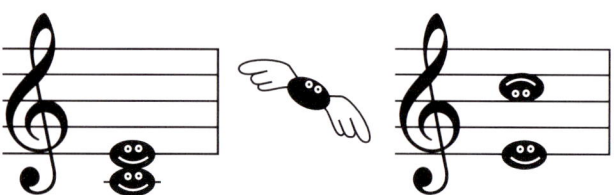

und erhalten eine

Sext

Auch die Sext kann daher klein oder groß sein (vom **e zum c**: **kleine Sext**, vom **es zum c**: **große Sext**).

Ein kleines Intervall ergibt also, wenn es umgedreht wird, ein großes – und umgekehrt. Wir können dies auf unserem Instrument nachprüfen, es funktioniert bei allen kleinen und großen Intervallen, auch bei der Sekund: Wenn wir sie umdrehen,

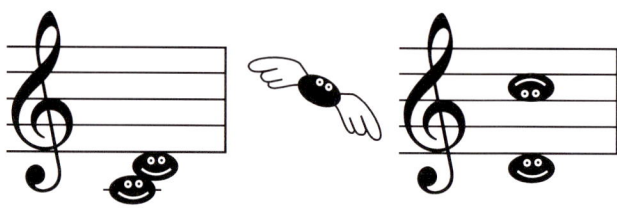

erhalten wir dadurch die

Septime

Es gibt sie als kleine oder große – vom **d zum c**: **kleine Septime**, vom **des zum c**: **große Septime**.

Die reinen Intervalle

Welche Intervalle haben wir nun noch nicht unter die Lupe genommen?

Die Prim, die Quart, die Quint und die Oktave.

Diese Intervalle gibt es weder groß noch klein, man nennt sie **reine Intervalle**. Warum?

Auf Seite 17 werdet ihr noch ein Geheimnis unserer Musik kennenlernen: die Naturtonreihe. Mit welchen Intervallen beginnt sie?

Eine Übersicht zum Einprägen

Wir haben gesehen, dass wir zum Benennen der
Intervalle einfach die Töne zählen müssen – die
beiden Intervalltöne selbst mitgezählt. Aber wir
haben auch gelernt, dass wir damit nur eine grobe
Bestimmung treffen können: Für die Feinbestim-
mung der Intervalle (ob groß oder klein) könnten
wir nun die Zahl der Halbtonschritte auswendig
lernen, da gäbe es beim Zählen keine Probleme.
Einfacher geht es aber, wenn wir hören statt
zählen – schließlich sind unsere Ohren das
wichtigste Werkzeug für die Musik.
Deshalb findet ihr hier die Anfänge oder kurze
Ausschnitte von Liedern oder Musikstücken,
mit deren Hilfe ihr euch die einzelnen Intervalle
einprägen könnt.

Prim:

Hört ihr Herrn und lasst euch sa-gen

Kleine Sekund:

Kommt ein Vo-gel ge-flo-gen

Große Sekund:

Bru-der Ja-kob, Bru-der Ja-kob

Kleine Terz:

Kuckuck, Kuckuck, ruft's aus dem Wald

Große Terz:

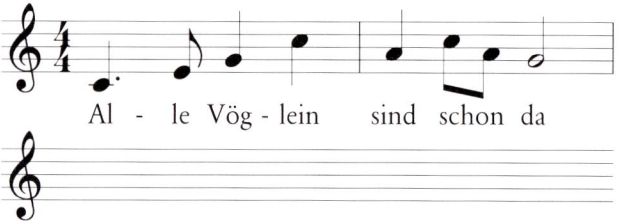

Al - le Vög - lein sind schon da

Quart:

Im Mär - zen der Bau - er

Quint:

Wach auf, mein's Her - zens Schö - ne

Kleine Sext:

(Love Story)

Große Sext:

Mi - au, mi - au, hörst du mich schrei - en

Kleine Septime:

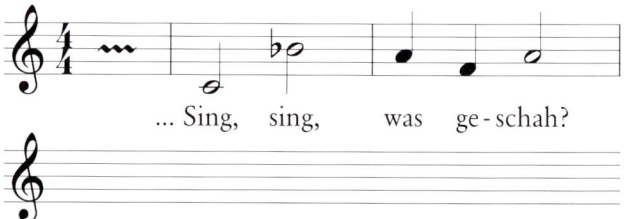

... Sing, sing, was ge - schah?

(Dieses Lied findet ihr vollständig auf Seite 56!)

Große Septime:

Oktave:

... Mor - gen früh, wenn Gott will

Unter jedem Lied ist noch eine freie Notenzeile: Vielleicht fallen euch ja ganz persönliche Lieder oder Stücke ein, mit denen ihr euch die Intervalle besser merken könnt.

Verminderte und übermäßige Intervalle

Durch Hinzufügen von zusätzlichen Vorzeichen kann ein Intervall „kleiner als klein" bzw. „größer als groß" gemacht werden:
z. B. wird die kleine Terz c – es durch ein ♯ vor dem c noch kleiner – wir nennen sie dann eine **verminderte** Terz (cis – es).

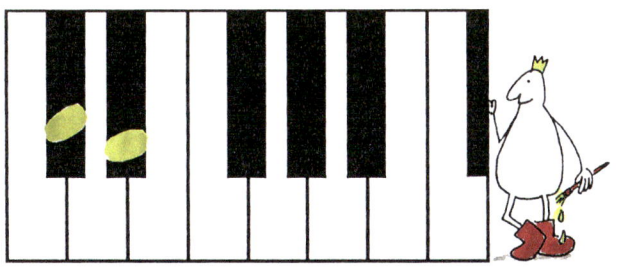

Auch wenn die Töne jetzt nur noch zwei Halbtonschritte auseinander liegen, bleibt das Intervall eine Terz, denn die **Stammtöne** (die Töne ohne Vorzeichen) heißen c und e.
Oder: Eine große Sext (z. B. d – h) kann durch ein ♭ vor dem d vergrößert werden,
das Intervall des – h heißt dann **übermäßige** Sext (des – h).

Alle Intervalle (nicht nur große und kleine, sondern auch reine) können so in verminderte bzw. übermäßige Intervalle umgewandelt werden.

Und zu guter Letzt kommen wir zu einem ganz besonderen Fall:
Für die übermäßige Quart (c – fis) bzw. die verminderte Quint (c – ges) gibt es einen eigenen Intervallnamen: Tritonus.
In der Zeit, als Johann Sebastian Bach komponierte, galt der Klang eines Tritonus als so hässlich und falsch, dass man ihn auf lateinisch den „Diabolus in musica" nannte, den Teufel in der Musik.

SPIELE

1 Singt oder spielt euch gegenseitig eure Merklieder vor und versucht, das jeweilige Intervall zu benennen. Später könnt ihr ganz verschiedene neue Lieder anspielen, dann wird das Spiel schwieriger und interessanter.

2 Für diejenigen, die das Kapitel über die Tonleitern bereits kennen, ist das folgende Spiel sicher leichter:

Wir machen mit unserem Instrument einen kleinen Spaziergang (Klavier- und Cellospieler haben hier leider das Nachsehen; Gitarrenspieler hängen sich ihr Instrument, wenn möglich, um).

Jetzt heißt es: Acht Schritte vorwärts frei im Raum, danach wieder umkehren – und auf jeden Schritt kommt ein gespielter Ton der Tonleiter.

Wer nicht spaziert, darf an irgendeiner Stelle der Tonleiter klatschen. In **diesem** Moment muss unser Spaziergänger Schritt und Spiel unterbrechen.

Bei welchem Intervall vom Grundton aus steht er in diesem Augenblick?

3 Für dieses Spiel müssen wir zunächst ein Mädchen oder einen Jungen zum Spielleiter ernennen.

Dieser Spielleiter braucht alle 10 Finger: Deutet er bzw. sie mit drei Fingern nach unten, so bedeutet das für den Spieler: „Spiele eine Terz nach unten."

Vier Finger nach oben heißen dann: „Quart aufwärts" usw.

Wenn ihr das Spiel noch schwieriger machen wollt, könnt ihr euch zusätzlich auf folgende Regelung einigen: Einmal deuten meint das kleine Intervall, zweimal deuten das große. Reine Intervalle werden einmal gedeutet.

Vorsicht: Macht der Spielleiter den Fehler, bei reinen Intervallen zweimal zu deuten, so muss er die Leitung abgeben und selbst spielen.

Dieses Spiel ist anspruchsvoll und sollte durch eine dritte Person beobachtet und gegebenenfalls korrigiert werden.

4 In der kleinen Noten-Landkarte auf der folgenden Seite sind noch keine Entfernungen angegeben.

Macht euch mit eurem Instrument auf den Weg, um alle Strecken auszumessen. Wir gehen zunächst Schritt für Schritt, später im Sprung von einem beliebigen Ort zum nächsten und benennen danach das Intervall.

Am Anfang solltet ihr euch von eurem Lehrer den Weg weisen lassen, damit ihr nicht gleich über die schwierigsten Stellen stolpert.

DER QUINTENZIRKEL

Eine der wichtigsten Grundlagen unserer Musik sind die verschiedenen Tonarten.
Sie sind im Abstand einer Quinte übereinander angeordnet.
Spielt man 12 Quinten hintereinander, so landet man wieder auf dem Ton, mit dem man begonnen hat. Man hat einen Kreis gezogen, der aus Quinten besteht: den Quintenzirkel.

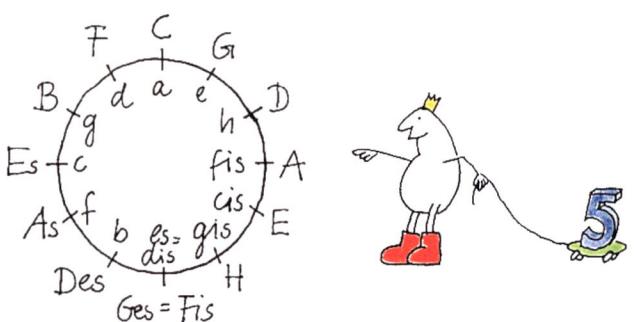

Damit alle Tonarten in sich gleich gebaut sind, obwohl sie auf verschiedenen Grundtönen stehen, muss jede Tonart ihre eigenen Vorzeichen haben. Ihr findet sie auf der beiliegenden Drehscheibe.
Die Ordnung ist leicht erkennbar: Auf der rechten Kreishälfte die Tonarten mit ♯, links die Tonarten mit ♭. Jeder Schritt weg von C-dur (keine Vorzeichen) bedeutet ein Vorzeichen mehr.
Zu jeder Dur-Tonart gehört eine Moll-Tonart, die die gleichen Vorzeichen hat. Sie sind verwandt zueinander wie Geschwister, die dieselben Eltern haben. Das Fachwort heißt **parallele Tonarten**.
Der Grundton der Moll-Tonart liegt eine **kleine Terz tiefer** als der der parallelen Dur-Tonart.

Beispiel

gemeinsames Vorzeichen: 1 Kreuz (fis)

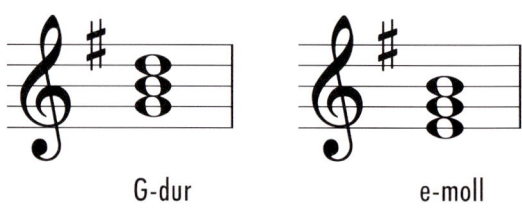

G-dur   e-moll

Eure Spielstücke mit einem Kreuz als Vorzeichen (fis) können also entweder in der Tonart G-dur oder e-moll stehen. Versucht, Dur und Moll gleich beim Hören zu erkennen. Anhand des Schlussklangs könnt ihr es dann überprüfen.

Tipp für Klavierspieler

Spielt den Quintenzirkel, indem ihr in Quintschritten über die ganze Tastatur geht. Wollt ihr abwärts marschieren,

so beginnt beim höchsten c eures Klavieres, wollt ihr aufwärts, dann fangt ganz unten beim tiefsten c an. Am besten sprecht ihr die jeweiligen Tonnamen laut dazu.
Aufgepasst: Die Taste fis (ges) ist die Nahtstelle zwischen den ♯- und den ♭-Tonarten, ihr müsst sie also umbenennen: „fis ist gleich ges" oder umgekehrt.

Warum gerade die Quint?

Es gibt zwei Erklärungen:

1. Die Quint ist nach der Oktave das reinste Intervall.
Auf Saiteninstrumenten lassen sich diese Intervalle ganz einfach erzeugen.

Grundton

2. Die Naturtonreihe

Spielt man auf einem Instrument einen Ton, so schwingt fast unhörbar eine Reihe weiterer Töne mit, die Naturtonreihe.

1. Naturton (Oktave)

2. Naturton (Quint über der Oktave)

Für den Ton c sieht die Naturtonreihe so aus:

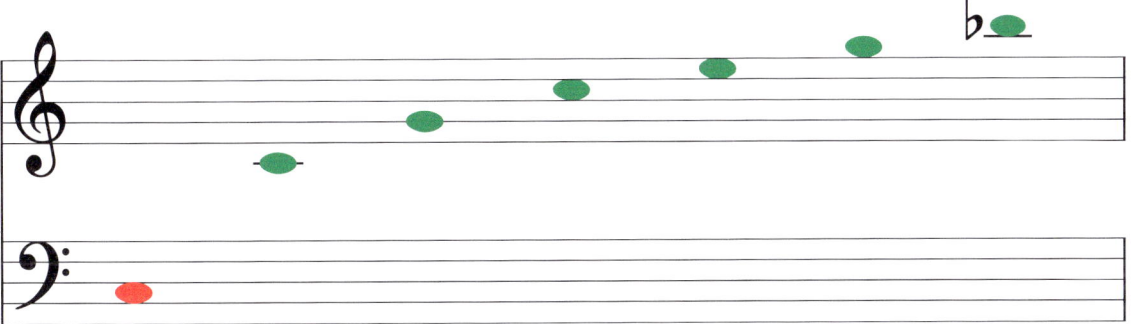

SPIELE

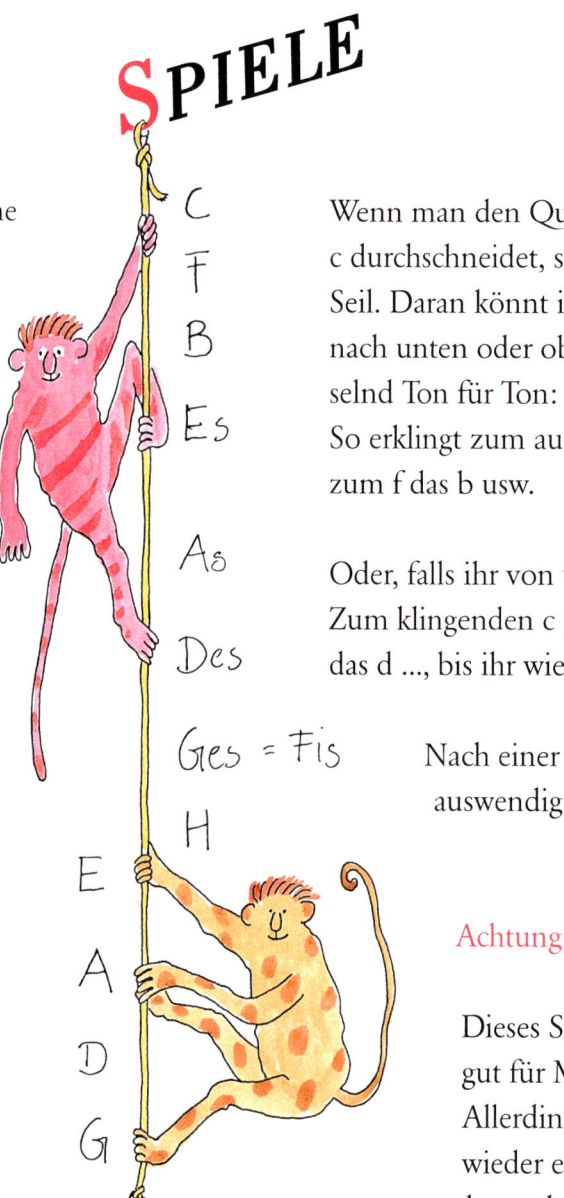

Tipp für Klavierspieler

Drückt die Tasten der grünen Töne nacheinander stumm nieder und schlagt dazu den roten Ton kurz und kräftig an. Die Saiten der Naturtöne schwingen hörbar mit. Wenn ihr im Vergleich dazu beliebige andere Tasten niederdrückt, werdet ihr bemerken, dass diese nicht mitschwingen und daher nicht zur Naturtonreihe gehören.

Wenn man den Quintenzirkel beim c durchschneidet, sieht er aus wie ein langes Seil. Daran könnt ihr in Quintenschritten nach unten oder oben klettern. Spielt abwechselnd Ton für Ton:
So erklingt zum ausgehaltenen c das f, zum f das b usw.

Oder, falls ihr von unten nach oben klettert: Zum klingenden c gesellt sich das g, zum g das d ..., bis ihr wieder beim c gelandet seid.

Nach einer Weile könnt ihr das sicher auswendig.

Achtung:

Dieses Spiel eignet sich besonders gut für Melodieinstrumente. Allerdings müsst ihr ab und zu wieder einen Oktavsprung nach oben oder unten machen. Das „Quintenseil" wird sonst zu lang.

Die Dur-Tonleiter

Reiht man die Töne einer Tonart hintereinander auf, so erhält man eine Tonleiter. Nach sieben Tönen wiederholt sich die Reihe; sie beginnt wieder beim Grundton.

Welche Töne hintereinander aufgereiht werden, hängt vom Ton-Vorrat ab: Mit eurem Quintenzirkel könnt ihr die richtigen Vorzeichen herausfinden.

Der Grundton gibt einer Tonleiter ihren Namen, z. B. **C**-dur. Die Tonleiter könnt ihr euch wie eine richtige Leiter aus acht Stufen vorstellen. Sie besteht aus Ganz- und Halbtonschritten. Die Halbtonschritte liegen zwischen der III. und IV. Stufe und der VII. und VIII. Stufe.

Die VII. Stufe einer Dur-Tonleiter hat eine besondere Aufgabe: Sie leitet so zielstrebig zum Grundton, dass unser Ohr enttäuscht ist, wenn dieser nicht folgt.

Der siebte Ton heißt daher **Leitton**.

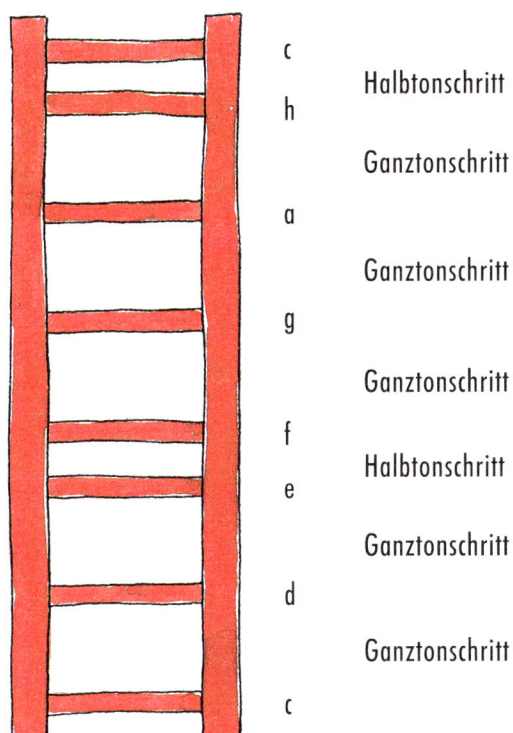

c
Halbtonschritt
h
Ganztonschritt
a
Ganztonschritt
g
Ganztonschritt
f
Halbtonschritt
e
Ganztonschritt
d
Ganztonschritt
c

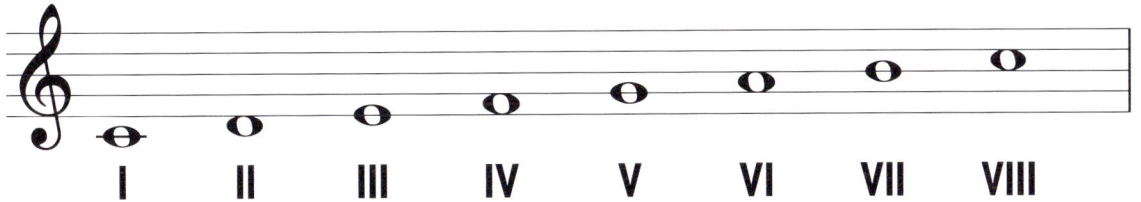

I   II   III   IV   V   VI   VII   VIII

Würde man eine Dur-Tonleiter in der Mitte auseinander sägen, so ergäben sich zwei gleiche Teile
zu je vier Tönen: Eine solche Tonleiterhälfte
nennt man Tetrachord (griechisch „tetra" = vier).

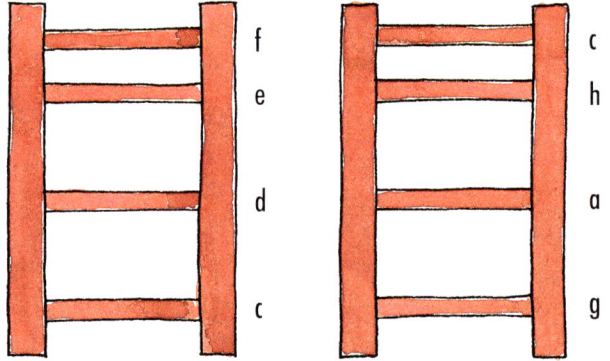

SPIELE

1 Geht die Tonleiter entlang von **Grundbach** über Mitteldorf nach **Obergrundbach**. Oder erfindet selber andere Wege, jedes Dorf kann Start oder Ziel sein.

Wendet die folgenden Gangarten an:

legato: wie auf weichem Moos gehen

staccato: leicht und unbeschwert hüpfen

portato: die Noten wie auf einem Tablett ruhig und mit sicheren Schritten von einem Dorf zum anderen tragen

☞ Ihr könnt euch auch zu zweit auf den Weg machen: Kommt euch entgegen oder lauft voreinander davon.

☞ Gebt euch gegenseitig verschiedene Routen vor. Könnt ihr hören, welche Gangart der andere gewählt hat?

☞ Nun begebt euch mit geschlossenen Augen auf die Reise: Findet ihr auch so den Weg, ohne zu stolpern?

☞ Und das Schwierigste zum Schluss: Wer kann hören, welcher Weg gerade gegangen wurde? Wie ein geschickter Detektiv Spuren lesen kann, so könnt ihr mit etwas Übung hören, bis zu welchem Punkt die Tonleiter-Reise ging, an welcher Stelle kehrt gemacht wurde, um vielleicht Spuren zu verwischen, und was sonst noch alles dem Spieler oder der Spielerin eingefallen ist. Dabei gilt die Regel: Start muss Grundbach oder Obergrundbach sein.

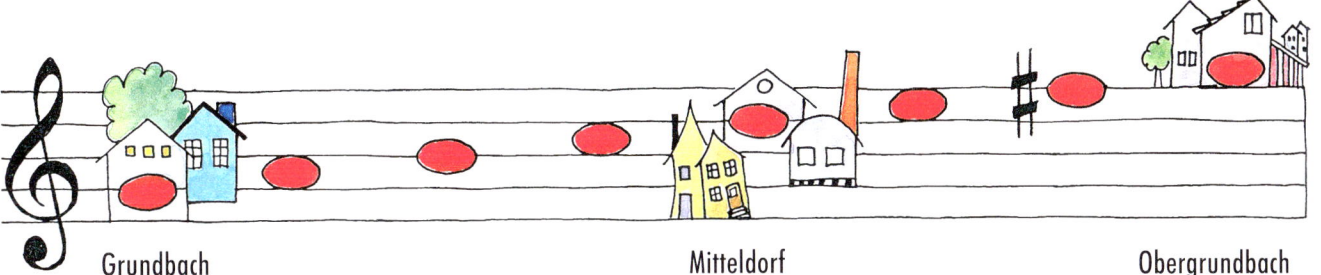

Grundbach   Mitteldorf   Obergrundbach

Übrigens: Es gibt ja nicht nur diese eine Tonleiter. Mit Hilfe eures Quintenzirkels könnt ihr alle 12 Dur-Tonleitern unseres Tonsystems aufschreiben.

Wenn ihr die angegebenen Vorzeichen richtig einsetzt, ergeben sich automatisch die Halbtonschritte zwischen der III. und IV. und der VII.

und VIII. Stufe, wie es der Bauplan einer Dur-Tonleiter verlangt.

Nun könnt ihr eure Tonleitern in Landkarten verwandeln, für die auf den Seiten 22 und 23 Platz ist. Lasst euch dazu aber auch schöne Ortsnamen einfallen!

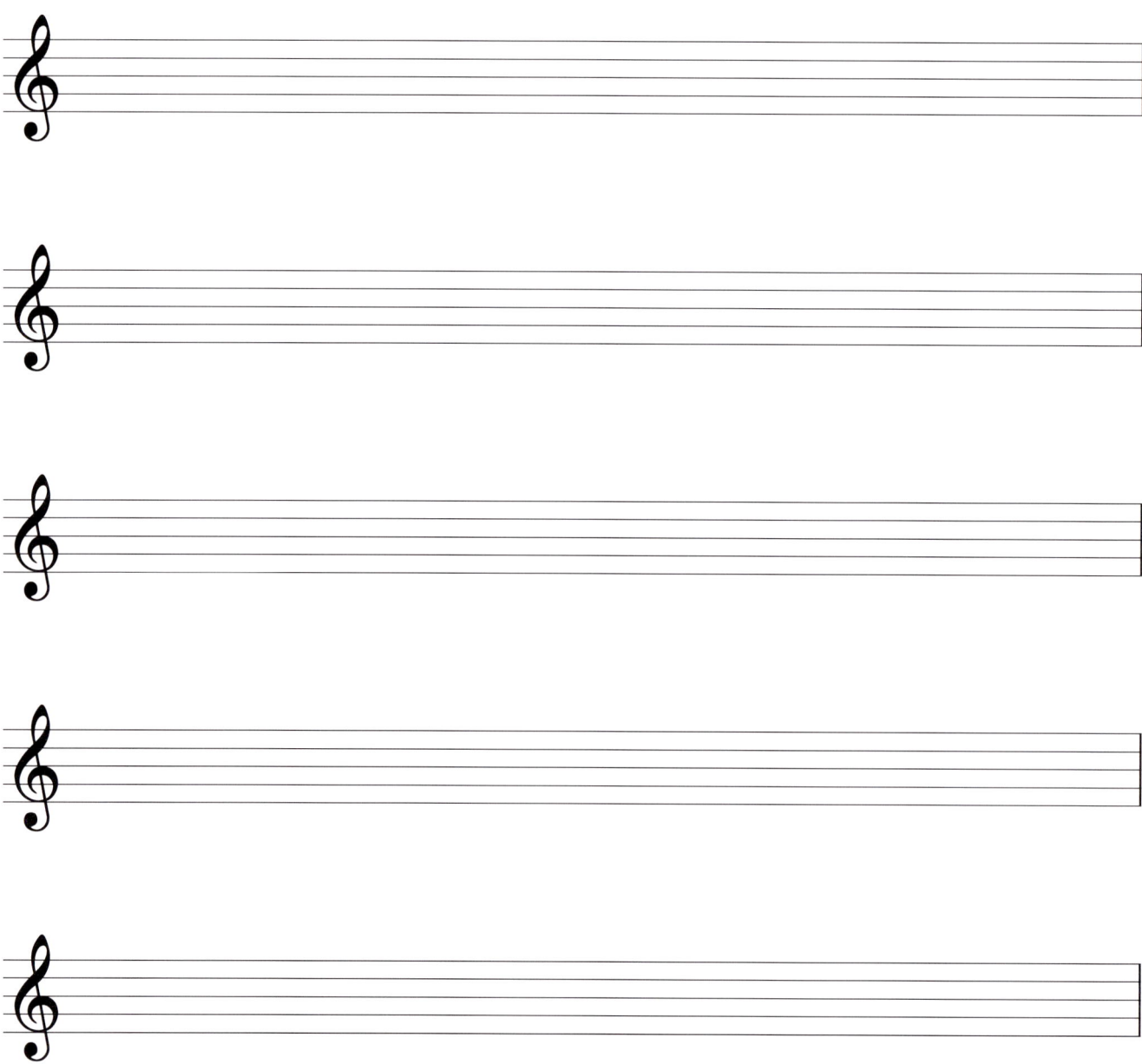

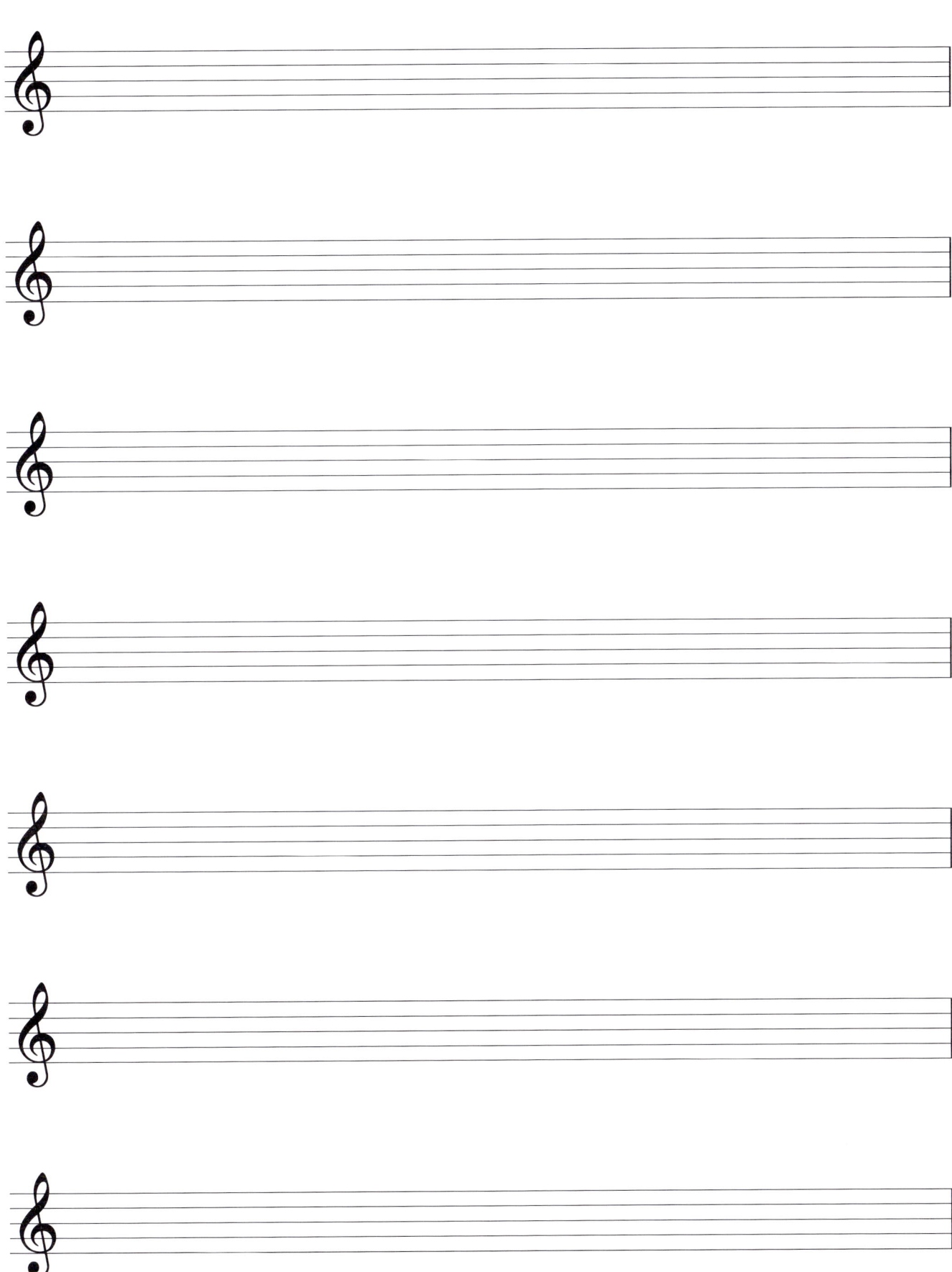

2 Für dieses Spiel verwandeln wir die einzelnen Töne der Tonleiter in eine Herde von Schafen. Da passiert es immer wieder, dass eines verloren geht.

Spielt einen einzelnen Ton aus einer bestimmten Tonleiter, die ihr zuvor schon auf und ab gegangen seid. Nun muss euer Gegenüber den Ton wie ein verlorenes Schäflein suchen gehen – auf seinem Instrument, mit seinen Ohren.

Der gefundene Ton wird schrittweise zum Grundton geführt, wo der Schafstall steht. Natürlich wählt ihr immer den kürzesten Weg zum Grundton, sei es nach oben oder nach unten.

Auch dieses Spiel lässt sich in allen Tonarten spielen.

Die Moll-Tonleitern

Die natürliche Moll-Tonleiter

Jede Dur-Tonart hat einen engen Verwandten, nämlich ihre parallele Moll-Tonart (siehe Seite 16).
Der Grundton einer Moll-Tonleiter liegt eine kleine Terz tiefer als der der Dur-Tonleiter und kann an eurem Quintenzirkel abgelesen werden.

Viel schneller aber geht es, wenn ihr auf eurem Instrument den Klang einer kleinen Terz abwärts („Kuckucksterz") sucht.

Die Vorzeichen der Moll-Tonleiter sind dieselben wie die ihrer parallelen Dur-Tonleiter, deshalb sind sie ja verwandt.

Wir sehen uns eine Moll-Tonleiter genauer an:

Die Halbtonschritte liegen hier anders als bei der Dur-Tonleiter, und zwar zwischen der II. und III. und der V. und VI. Stufe. Unsere Leiter sieht also so aus:

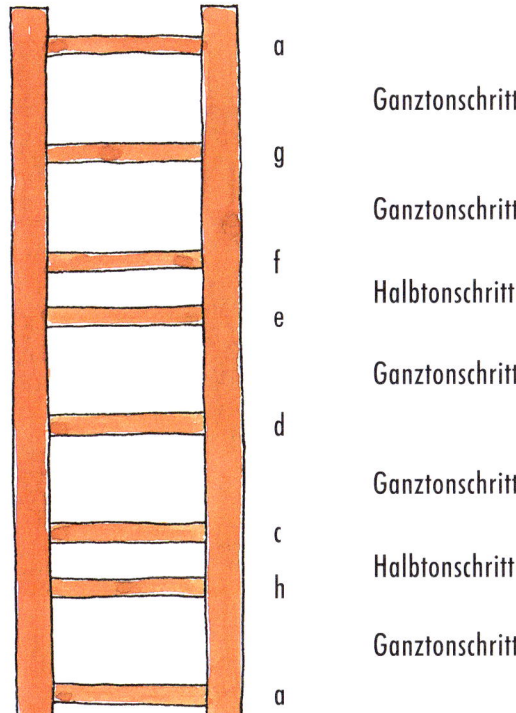

a
Ganztonschritt
g
Ganztonschritt
f
Halbtonschritt
e
Ganztonschritt
d
Ganztonschritt
c
Halbtonschritt
h
Ganztonschritt
a

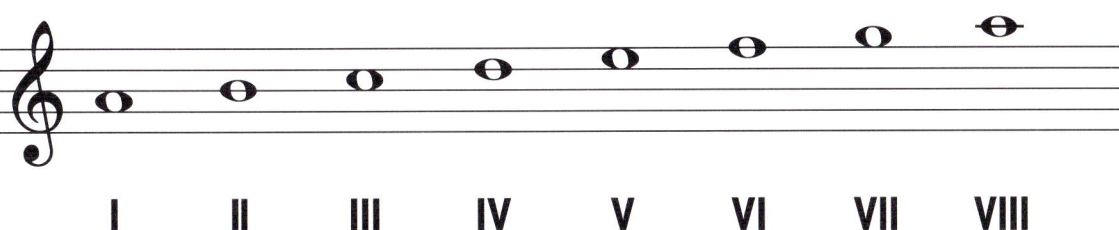

I   II   III   IV   V   VI   VII   VIII

Diese Tonleiter nennt man die natürliche **Moll-Tonleiter**, weil sie dieselben Vorzeichen wie ihre enge Verwandte, die Dur-Parallele hat.

Es gibt aber nicht nur diese eine Moll-Tonleiter, es gibt drei verschiedene:

Die harmonische Moll-Tonleiter

Singt zusammen eine natürliche Moll-Tonleiter und betont dabei immer die erste von drei Noten. Singt auswendig und nicht zu langsam! Nach ein paar Versuchen werdet ihr merken, dass es gar nicht so einfach ist, beim Schlusston der Tonleiter auch tatsächlich stehen zu bleiben.
Woran liegt das?

Die natürliche Moll-Tonleiter hat keinen Leitton wie die Dur-Tonleiter. Die VII. Stufe müsste um einen Halbton unter dem Grundton liegen, sie liegt aber hier um einen Ganzton unter dem Grundton.

Dies können wir ganz einfach ändern:

Wir schieben die VII. Stufe nach oben, indem wir ein Kreuz davor setzen.

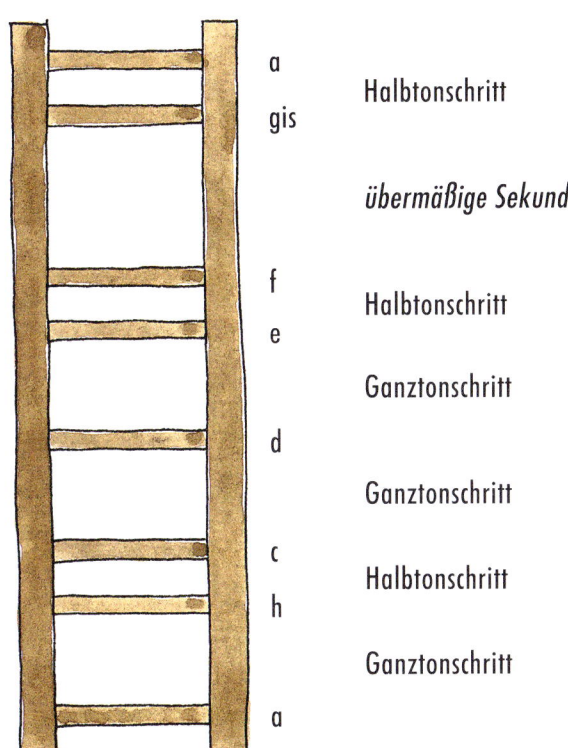

a
gis Halbtonschritt

übermäßige Sekund

f Halbtonschritt
e Ganztonschritt

d Ganztonschritt

c Halbtonschritt
h Ganztonschritt

a

Nun sieht unsere Tonleiter so aus:

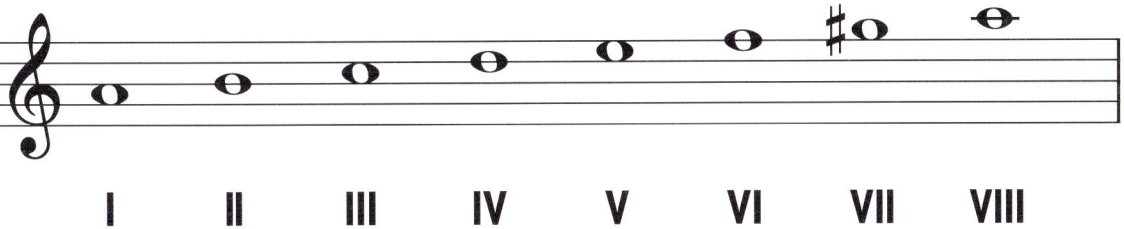

I II III IV V VI VII VIII

Wir nennen sie **harmonische** **Moll-Tonleiter.**

Singt auch die harmonische Tonleiter, diesmal aber in etwas gemächlicherem Tempo. Sicher gibt es eine Stelle, die nicht so ganz einfach zu singen ist. Welche?

Wir sehen uns diese schwierige Stelle genauer an: Der Schritt zwischen der VI. und VII. Stufe ist zwar eine Sekund, aber wir können sie nicht mehr eine normale „große Sekund" nennen, denn das wäre der Schritt vom f zum g. Durch das Kreuz vor dem g rücken beide Töne noch weiter auseinander: Der Tonschritt vom f zum gis wird als eine **übermäßige Sekund** bezeichnet.

Aufgabe

Tragt den übermäßigen Sekund-Schritt mit einer eckigen Klammer in die obige Tonleiter ein.

Melodien, die man aus der harmonischen Tonleiter basteln kann, haben immer den übermäßigen Sekundschritt zwischen VI. und VII. Stufe, sind also schwer zu singen und klingen ein wenig fremdartig in unseren Ohren. Daher gibt es noch eine dritte und letzte Moll-Tonleiter.

Die melodische Moll-Tonleiter

Bei dieser Tonleiter wird durch einen einfachen Trick die übermäßige Sekund zwischen der VI. und VII. Stufe ausgeglichen:

Zusätzlich zur VII. Stufe haben wir jetzt auch noch die VI. Stufe erhöht, indem wir auch dort ein Kreuz davor gesetzt haben.

Jetzt sieht unsere Tonleiter so aus:

Wir nennen diese Tonleiter die **melodische Moll-Tonleiter**, weil sie sich zum Erfinden von Melodien besser eignet als die harmonische Moll-Tonleiter.

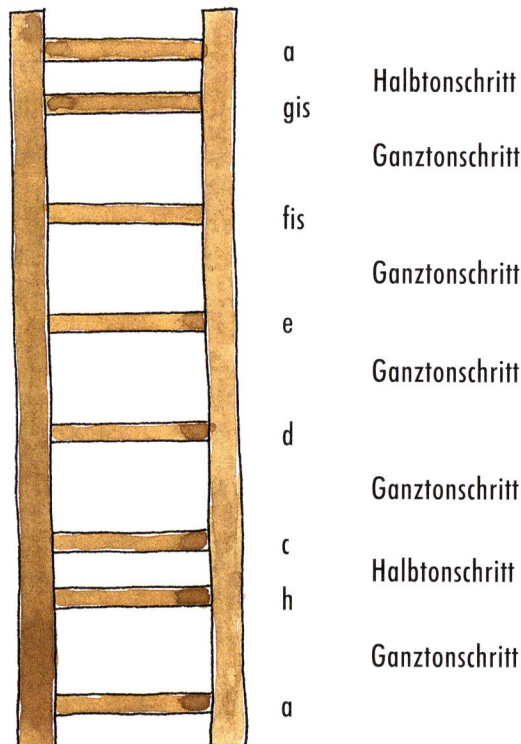

a	Halbtonschritt
gis	Ganztonschritt
fis	Ganztonschritt
e	Ganztonschritt
d	Ganztonschritt
c	Halbtonschritt
h	Ganztonschritt
a	

Wenn ihr die melodische Tonleiter singt oder spielt, hört ihr, wie weit sie sich im Klang von unserer natürlichen Moll-Tonleiter entfernt hat.

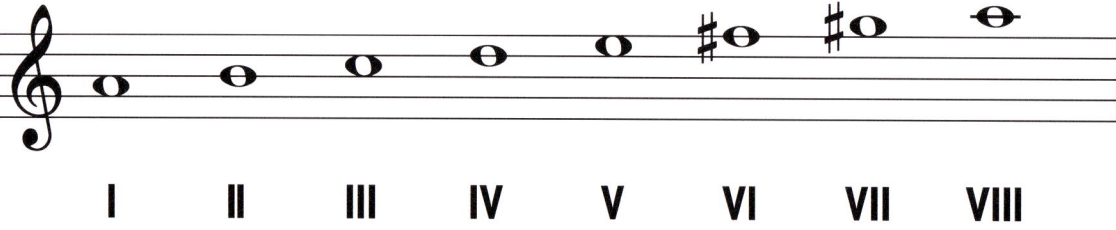

I   II   III   IV   V   VI   VII   VIII

Daher gilt die Regel:
Melodische Moll-Tonleitern werden nur aufwärts
als melodisches Moll gespielt, abwärts brauchen
wir den Leitton nicht, da verwenden wir wieder
die natürliche Moll-Tonleiter.

Hier stehen noch einmal alle drei Moll-Tonleitern
übersichtlich untereinander:

1. Die natürliche Moll-Tonleiter

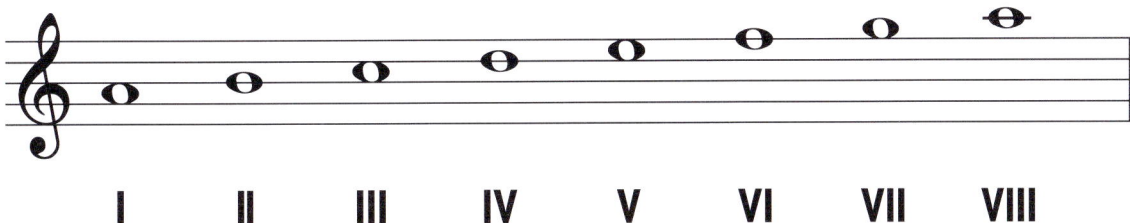

2. Die harmonische Moll-Tonleiter

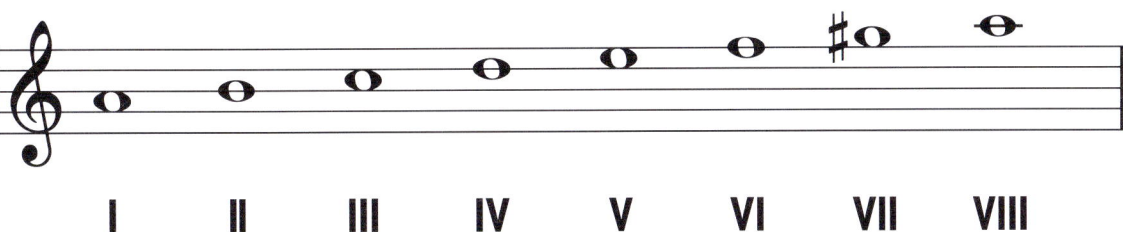

3. Die melodische Moll-Tonleiter

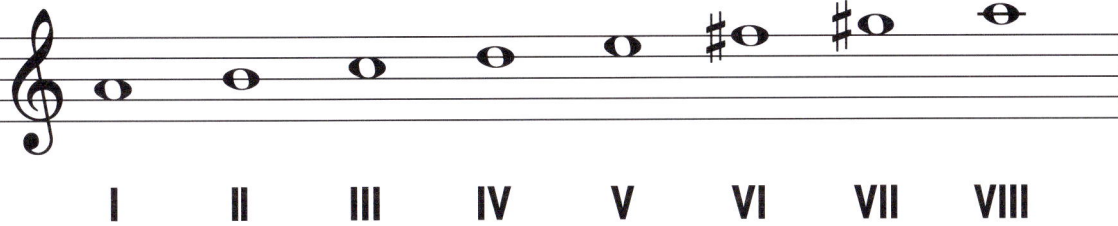

SPIELE

1 Auf diesen beiden Seiten ist genügend Platz, um Moll-Tonleitern aufzuschreiben. Wenn ihr im Quintenzirkel die richtigen Vorzeichen sucht und die zusätzlichen Vorzeichen nicht vergesst, entstehen wie von selbst die verschiedenen Moll-Tonleitern.

Am Anfang kann euch eure Lehrerin oder euer Lehrer hier noch helfen. Achtung: Bei Tonarten mit ♭ als Vorzeichen muss die Erhöhung eines Tones oft nicht durch ein ♯, sondern meist durch ein Auflösungszeichen ♮ eingetragen werden!

Schreibt jeweils die drei Moll-Tonleitern einer Tonart untereinander und gestaltet sie wieder als Landkarten.

Nun könnt ihr dieselben Spiele machen, die ihr schon von der Dur-Tonleiter her kennt. Vielleicht fallen sie euch in Moll etwas schwerer, deshalb Geduld!

2 Jemand von euch spielt langsam die ersten fünf Töne einer Moll-Tonleiter – die sind ja bei der natürlichen, harmonischen und melodischen Tonleiter gleich. Zum Weiterspielen geben die anderen ein Zeichen.

Das Ausstrecken der flachen Hand bedeutet: Spiele weiter als natürliche Moll-Tonleiter.

Einmal klatschen bedeutet: Spiele weiter als harmonische Moll-Tonleiter.

Zweimal klatschen bedeutet: Spiele weiter als melodische Moll-Tonleiter.

Spielt jeweils von unten nach oben und zurück.

Wenn ihr dieses Spiel mit allen Spielern durchgewechselt habt, wird es andersherum gespielt: Jemand spielt eine vollständige Tonleiter nach oben und unten, ohne zu verraten, um welche der drei Moll-Tonleitern es sich handelt. Die anderen hören, ob natürlich, harmonisch oder melodisch Moll gespielt wurde und geben mit den oben verabredeten Zeichen zu verstehen, was sie gehört haben. So wird beim Spielen niemand gestört.

3 Für das nächste Spiel braucht ihr etwa acht Knöpfe, ein Blatt Papier und einen etwas dickeren Stift. Zeichnet eine Notenzeile (fünf Linien) und den Violinschlüssel auf das Blatt.
Außerdem müsst ihr noch ein paar kleine Stücke Pappe als Vorzeichen vorbereiten, so dass ihr genügend ♭, ♯ und Auflösungszeichen ♮ habt (am besten mindestens drei von jeder Sorte).

Nun könnt ihr mit den Knöpfen und Vorzeichen kleine Melodien legen und diese spielen. Wechselt euch dabei ab! Anfangs- und Schlusston sollte immer der Grundton sein.
Achtung: Bevor ihr Melodien legt, müsst ihr euch einigen, welche der drei Moll-Tonleitern euer Tonvorrat sein soll.
Fortgeschrittene können hier ihr Gehör trainieren. Sie lassen sich die Melodien vorspielen und entscheiden, welche Tonleiter dem Gespielten zugrunde lag.

Die chromatische Tonleiter

Es gibt eine Tonleiter, die keinen Grundton hat und gleichsam schwerelos von einem beliebigen Anfangston zu einem beliebigen Schlusston verläuft.

Sie hat keine unterschiedlichen Ganz- und Halbtonschritte und daher auch keinen Leitton, der zum Grundton führen könnte. Lauter Halbtonschritte aneinandergereiht ergeben diese Tonleiter, deren Name sich aus dem Griechischen ableitet: Wir nennen sie die chromatische Tonleiter (griechisch „chroma" bedeutet „die Farbe"), weil sie wie ein Regenbogen ohne festen Anfangs- und Schlusspunkt neue, schillernde Farben in unsere Musik bringt.

SPIELE

Klebt mehrere leere Notenzeilen aneinander, so dass ihr einen langen Streifen bekommt.
Auf diesem Notenstreifen könnt ihr nun die zwei bis drei Oktaven der chromatischen Tonleiter aufschreiben, die auf eurem Instrument am bequemsten zu spielen sind. Teilt danach diese lange Tonleiter in vier oder fünf Farbflächen ein, indem ihr sie leicht übermalt.

Nun könnt ihr euch gegenseitig Spielaufträge geben:
„Spiele vom roten in den grünen Bereich"
„Spiele durch zwei Farbbereiche"
„Spiele durch alle Farben, aber nicht durch den gelben Bereich"
usw.

Ihr könnt auch „zweifarbig" spielen, d. h. jeder beginnt in einem anderen Farbbereich. Probiert aus, in welchem Abstand voneinander ihr spielen wollt – welcher Klang gefällt euch am besten?

Die Ganztonleiter

Genauso wie die chromatische Tonleiter hat die Ganztonleiter keinen festen Grundton. Auch sie besteht aus lauter gleichen Tonschritten, und zwar aus Ganztonschritten.

Die Ganztonleiter haben vor allem Komponisten des 20. Jahrhunderts in ihren Stücken verwendet, so z. B. die französischen Komponisten Claude Debussy und Maurice Ravel. Fernöstliche Völker sind mit dem Klang der Ganztonleiter vertrauter – bei ihnen gehört sie zur Volksmusik.

SPIELE

Wenn ihr die chromatische Tonleiter und die Ganztonleiter etwas geübt habt, könnt ihr sie gleichzeitig spielen:

Bestimmt einen Anfangston (den euer Spielpartner natürlich mit geschlossenen Augen auf seinem Instrument finden muss) und beginnt dann zusammen: Denkt euch die chromatische Tonleiter in Achteln, die Ganztonleiter in Vierteln, so fügen sich beide Tonleitern gut zueinander.

Auch dieses Spiel funktioniert in verschiedenen Richtungen. Spielt gemeinsam nach oben, nach unten, voneinander weg, aufeinander zu. Versucht, euer Gehör immer besonders auf eine der beiden Tonleitern zu richten.

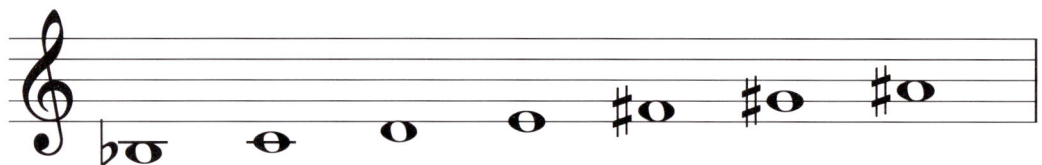

Die pentatonische Tonleiter

Auch die pentatonische Tonleiter spielt vorwiegend in der Musik des 20. Jahrhunderts und in der Volksmusik Osteuropas eine bedeutende Rolle – wir hören sie oft in den Stücken Béla Bartóks, in denen der Komponist ungarische und slowakische Volkslieder zur Grundlage seiner Musik gemacht hat.

Eigentlich bedeutet „penta" (griechisch) unsere Zahl fünf. Das Intervall aus fünf Tönen, die Quint, ist uns nichts Neues mehr. Schließlich haben wir schon längst Bekanntschaft gemacht mit dem Quintenzirkel.

Ihr könnt leicht eine pentatonische Tonleiter bauen, indem ihr fünf im Quintenzirkel neben-einander liegende Töne hernehmt und der Reihe nach anordnet. Einen festen Grundton gibt es auch bei der pentatonischen Tonleiter nicht.

Die Tonleiter, die ihr dabei erhaltet, könnte z. B. so ausschauen:

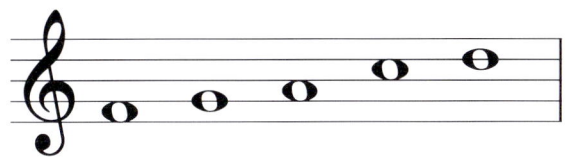

Folgendes Lied aus China hat als Tonvorrat diese Tonleiter.
Spielt das Lied und erfindet einen Text dazu.

Die Dreiklänge

Schon das Wort verrät uns: Drei verschiedene Töne, die zusammen erklingen, bilden einen Dreiklang.

Natürlich gibt es viele Möglichkeiten, wie drei Töne zusammenklingen können. In unserer Musik haben sich jedoch vier Grundarten von Dreiklängen herausgebildet, die eine Gemeinsamkeit verbindet:

1 Der **Dur**-Dreiklang

2 Der **Moll**-Dreiklang

3 Der **verminderte** Dreiklang

4 Der **übermäßige** Dreiklang

Jede dieser Dreiklangsarten besteht aus zwei übereinander gestellten Terzen – wichtig ist dabei, ob es große oder kleine Terzen sind.

Dur-Dreiklang

Moll-Dreiklang

Verminderter Dreiklang

Übermäßiger Dreiklang

Am häufigsten finden wir in unseren Musikstücken Dur- und Molldreiklänge. Aber nicht
immer sehen sie so aus, wie wir sie hier kennenlernen, nämlich in dieser Ordnung:
Grundton – Terz – Quint.

Jeder versteht, dass Kinder nicht immer gerade
sitzen, sondern beim Spielen auch mal Purzel-
bäume machen, Räder schlagen oder andere
kleine Kunststücke ausprobieren.

So wird auch in unserer Musik gespielt und
probiert. Ein ganz normaler C-dur-Dreiklang
z. B. kann auch so aussehen:

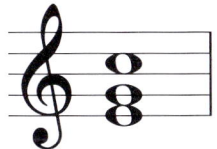

Oder so:

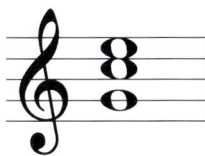

Gitarristen werden ihm häufig so begegnen:

Flötenspieler vielleicht so:

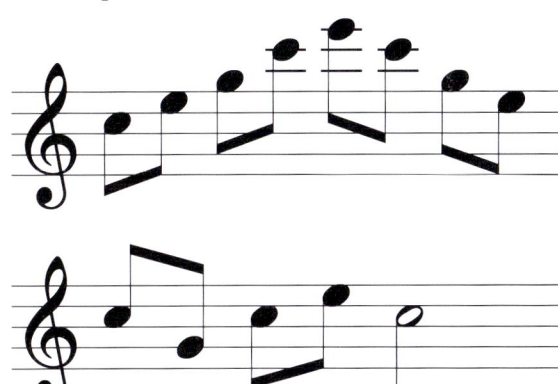

Und Klavierspieler vielleicht so:

Werden die drei Töne eines Dreiklangs hintereinander gespielt, so spricht man von einem
„gebrochenen Dreiklang".

Aber immer werden z. B. die Töne c – e – g den C-dur-Dreiklang ergeben, so wie Max immer Max bleibt, auch wenn er auf dem Kopf steht, und Eva auch beim Radschlagen immer Eva bleibt.

Liegen die Töne in ihrer ursprünglichen Reihenfolge (Grundton, Terz und Quint), so sprechen wir von der **Grundstellung** des Dreiklangs.

Grundstellung

Liegt aber nicht der Grundton zuunterst, sondern Terz oder Quint, so haben wir es mit **Umkehrungen** des Dreiklangs zu tun.

1. Umkehrung

Bei diesem Spieß wurde das Käsestückchen von unten nach oben gesteckt.

2. Umkehrung

Hier sind Olive und Käse nach oben gewandert, ganz unten steckt jetzt die Kirsche.
So bekommen wir drei Cocktailspießchen, untereinander verschieden und doch gleich.

SPIELE

1 Auf den Seiten 39 bis 41 findet ein großes Familientreffen statt. Wer erkennt alle Angehörigen der Familien

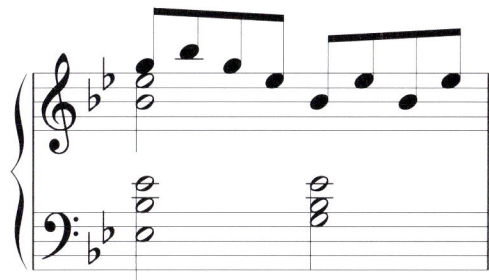

 **Dur**schnabur (das sind alle Dur-Dreiklänge)

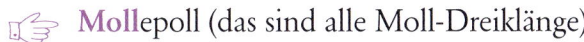 **Moll**epoll (das sind alle Moll-Dreiklänge)

👉 die entfernten Verwandten Kleinterzstapel (das sind alle **verminderten** Dreiklänge)

👉 und die mitgebrachten Gäste Großterzstapel (das sind alle **übermäßigen** Dreiklänge)?

Und wie heißen die Gäste mit Vornamen?

Lösungstipp

Denkt euch doppelt vorhandene Töne weg und kehrt den Dreiklang so oft um, bis die Grundform (zwei Terzen) erreicht ist.
Dann lässt sich der Dreiklang einfacher benennen.

Dieses Spiel funktioniert auch mit fast allen Noten eurer Eltern oder Lehrer. Vielleicht können sie ja einige geeignete Stellen für euch heraussuchen und leicht mit dem Bleistift einkreisen.

Zwei Instrumente eignen sich für dieses Spiel auch ohne Noten: Gitarre und Klavier. Abwechselnd spielen und benennen wir Dreiklänge.

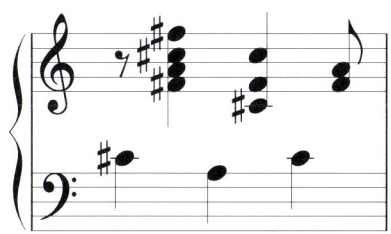

Familie

treffen

2 Ein Spiel mit Zeichensprache:

 Erhobener Kopf bedeutet **Dur**-Dreiklang.

 Gesenkter Kopf bedeutet **Moll**-Dreiklang.

 Verschränkte Arme bedeuten **verminderter** Dreiklang.

 Ausgebreitete Arme bedeuten **übermäßiger** Dreiklang.

Gebt euch mit dieser Geheimsprache gegenseitig stumme Anweisungen, nachdem ihr euch zuvor auf einen Grundton geeinigt habt.

3 Dieses Spiel müssen wir – am besten schon zu Hause – kurz vorbereiten:
Überzieht drei Streichholzschachteln mit Papier. Beschriftet die Seiten folgendermaßen:

Nun könnt ihr euch wieder gegenseitige Spielanweisungen geben: Baut jemand ein Türmchen wie dieses,

so wird die 1. Umkehrung eines zuvor bestimmten Dreiklangs gespielt, z. B. in C-dur die Töne e – g – c.
Wichtig ist dabei nur das unterste Schächtelchen, d. h. der unterste Ton. Die beiden oberen Töne können gespielt werden, wie sie für eure Hände am bequemsten zu erreichen sind.

Tipp für Klavierspieler

Start frei für alle, die den Quintenzirkel und das Kapitel über Dreiklänge studiert haben: Spielt abwechselnd mit linker und rechter Hand nacheinander die gebrochenen Dreiklänge aller Tonarten (erst in Dur, später in Dur und Moll), und zwar in der Reihenfolge des Quintenzirkels. Natürlich rauscht ihr mit einem Dreiklang über die ganze Tastatur, und natürlich auch mit Pedal. (Jeder Dreiklang wird extra pedalisiert!)
Der C-dur-Dreiklang ist Start und Ziel – wer ist am schnellsten damit fertig?

Konsonanz und Dissonanz

Alle Klänge, die wir bis jetzt kennen gelernt haben, sind uns mehr oder weniger vertraut. Von klein auf hören wir Musik verschiedenster Art, aber fast immer bilden unsere Dreiklänge das Handwerkszeug für die Musiker – egal, ob sie klassische Musik komponieren oder Schlager, Popsongs oder Volksmusik schreiben.
Warum?
Den Klang einer Terz oder einer Quint empfinden unsere Ohren durch jahrhundertelange „Hör-Geschichte" als wohlklingend, als gut zusammen-passend, als „richtig".
Das lateinische Wort für dieses Zusammen-Klingen heißt „consonare": unsere Dreiklänge sind **konsonante** Klänge. Im 20. Jahrhundert erschienen diese Bausteine vielen Komponisten als abgegriffen und altmodisch.

Auf den Seiten 39 bis 41 habt ihr die Familien Durschnabur und Mollepoll kennengelernt. Solche Verwandtschaftstreffen ohne Freunde und neue Gäste können nach einiger Zeit langweilig werden. Deshalb suchte man nach neuen Klängen und entdeckte die Intervalle, die unseren Ohren weniger vertraut waren: die kleine und große Sekund, den Tritonus und die große Septime. Wenn wir diese Intervalle auf unserem Instrument spielen, haben wir das Gefühl, die Töne würden sich aneinander reiben, schlecht zusammenpassen und „falsch" klingen – wir nennen dieses Nicht-Zusammenklingen lateinisch „dissonare" und sprechen daher von **dissonanten** Klängen.

Erst Komponisten des 20. Jahrhunderts wie Arnold Schönberg oder Igor Strawinsky haben damit begonnen, dissonante Klänge in ihre Musikstücke aufzunehmen, ohne die Zuhörer gleich darauf mit konsonanten Klängen zu „entschädigen".

Cluster

Auf der Suche nach neuen Klängen hat man im
20. Jahrhundert einen bisher völlig unbekannten
Gast entdeckt und zum Familientreffen der
Klänge eingeladen: den **Cluster** (dieses englische
Wort wird „klaster" ausgesprochen und bedeutet
auf deutsch „Tontraube").

Cluster können eigentlich nur auf Tasteninstru-
menten (oder von einem Orchester) gespielt
werden. Man drückt lauter nebeneinander
liegende Tasten, nur weiße, nur schwarze oder
weiße und schwarze. Das kann eine Hand,
die Faust, der Ellbogen oder sogar der ganze
Unterarm ausführen.

Tipps

☞ Probiert auf einem Tasteninstrument
verschiedene Cluster aus. Versucht, möglichst
vielfältige Klänge zu finden (hoch, tief, laut,
leise, mit oder ohne Pedal ...).

Aufschreiben kann man Cluster auf verschiedene
Weisen:

Cluster mit allen Tönen
zwischen den Grenznoten
e' und f"
(also mehr als eine Oktave)

frei zu spielende Folge von
Clustern, die nach oben
hin immer weniger Töne
umfassen.

☞ Überlegt euch Möglichkeiten, Cluster zu
notieren und schreibt euch gegenseitig kleine
Cluster-Stücke auf.
Findet ihr eine genaue oder eine freiere Schreibweise besser?

Die Kadenz ergibt sich aus der Verwandtschaft bestimmter Dreiklänge.

Über jedem Ton einer Tonleiter können wir Dreiklänge aufbauen. Wenn wir uns dabei an die Vorzeichen der Tonleiter halten, sieht das Ergebnis in C-dur so aus:

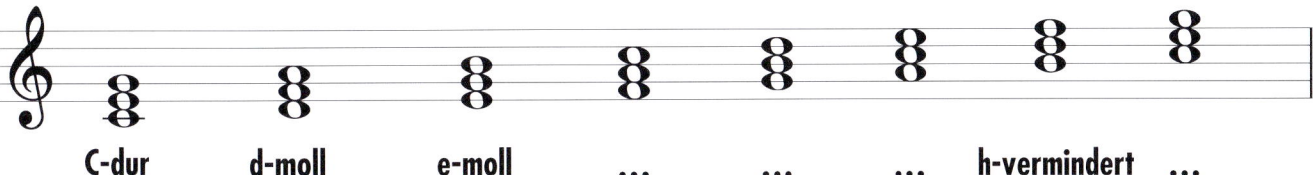

C-dur   d-moll   e-moll   ...   .   h-vermindert   ...

Jeden der entstandenen Dreiklänge können wir bereits benennen, wenn das Vorige verstanden wurde. Vervollständigt die Übersicht!

Oder in a-moll (harmonische Moll-Tonleiter):

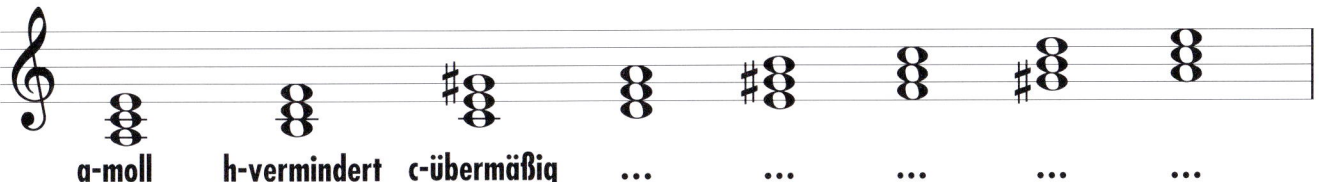

a-moll   h-vermindert   c-übermäßig   ...   .

Wie heißen hier die Dreiklänge?

Was die Kadenz betrifft, sind wir damit aber noch nicht schlauer geworden.
Wie sind die Dreiklänge miteinander verwandt?
Erinnern wir uns an den Quintenzirkel. Dort liegen die engen Nachbarn im Abstand einer Quint nebeneinander. So hat z. B. C-dur die engen Verwandten F-dur und G-dur.

Wir suchen diese Verwandten in der Tonleiter: Sie stehen auf der I., IV. und V. Stufe.
Jede dieser Stufen hat eine bestimmte Aufgabe – man könnte auch sagen: eine eigene klingende Eigenschaft.

„Ich bin im Musikstück der Boden, bei mir ist man zu Hause. Fast immer stehe **ich** am Schluss eines Stückes. Ich bin die Tonika. Nur manchmal schicke ich mitten im Stück statt meiner die VI. Stufe, um die Hörer zu trügen."

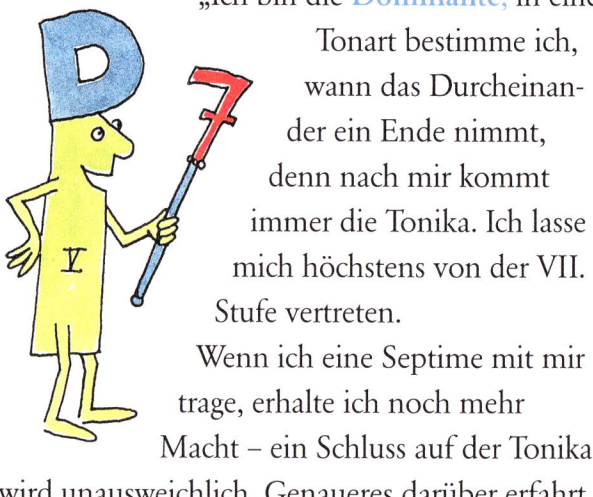

„Ich bin die Dominante, in einer Tonart bestimme ich, wann das Durcheinander ein Ende nimmt, denn nach mir kommt immer die Tonika. Ich lasse mich höchstens von der VII. Stufe vertreten. Wenn ich eine Septime mit mir trage, erhalte ich noch mehr Macht – ein Schluss auf der Tonika wird unausweichlich. Genaueres darüber erfahrt ihr im nächsten Kapitel."

„Ich bin die Subdominante. Ich liebe die Freiheit; oft öffne ich die Türe für andere Tonarten. Gerne schicke ich auch in Vertretung meine enge Verwandte, nämlich die parallele Molltonart, die II. Stufe."

Die Abfolge von Tonika, Subdominante und Dominante führt fast automatisch zu einem Schlusspunkt in der Tonika.

Die Dreiklänge der Stufen I, IV, V und wieder I hintereinander ergeben eine KADENZ.

Gehen wir durch einen schönen Palast, so sehen wir nicht mehr den Plan des Architekten und nicht mehr das Gerüst der Bauleute. Nur der Fachmann macht sich davon einen Begriff.

Ähnlich ist es auch mit einem Musikstück. So leicht lassen sich die Pfeiler seiner Harmonik, nämlich die Kadenzen, nicht erkennen, schon deshalb nicht, weil der Komponist sich meistens nicht nach dem Lehrbuch richtet, sondern seine Kadenzen künstlerisch einkleidet oder abändert.

Wieviel schöner z. B. klingt es doch schon, wenn die Dreiklänge der Kadenz nicht im Sprung hintereinander folgen,

sondern weich miteinander verbunden werden, z. B. so:

Grundstellung

oder so:

1. Umkehrung

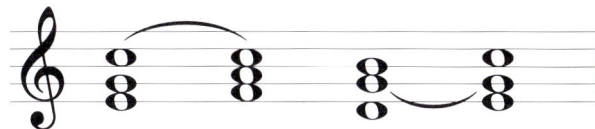

oder so:

2. Umkehrung

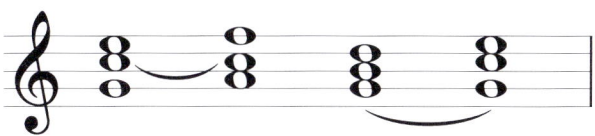

Hier wurden die Dreiklänge in ihren Umkehrungen verwendet, damit möglichst wenig Sprünge nötig sind.

Mit Hilfe eurer Lehrer könnt ihr in diesen drei
Zeilen die Kadenz in a-moll aufschreiben.
Vergesst nicht das Vorzeichen der harmonischen
Moll-Tonleiter, damit ihr einen Dur-Dreiklang
als Dominante bekommt.

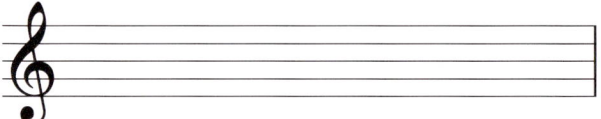

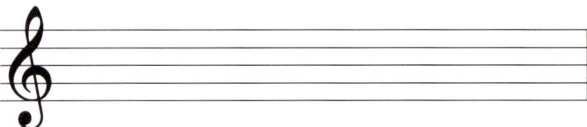

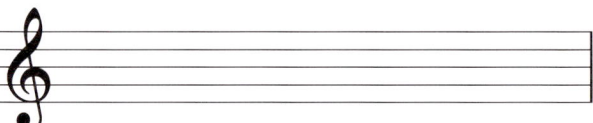

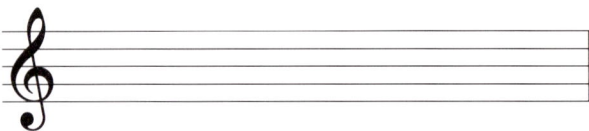

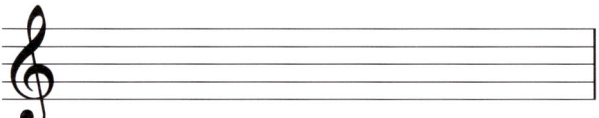

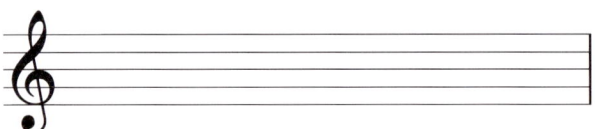

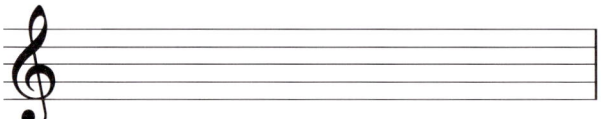

In der rechten Spalte ist auch Platz, um die
Kadenzen in den häufigsten Tonarten zu notieren.
Vielleicht gewöhnt ihr euch an, ein neues Stück,
das ihr spielen wollt, mit der dazugehörigen
Kadenz „einzuladen"?

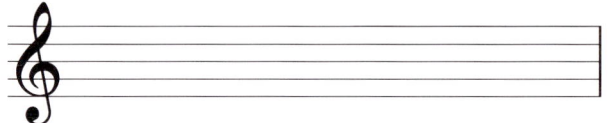

Auf Melodieinstrumenten kann die Kadenz in
gebrochenen Dreiklängen gespielt werden.
Für Flötenspieler könnte das in C-dur z. B. so
aussehen:

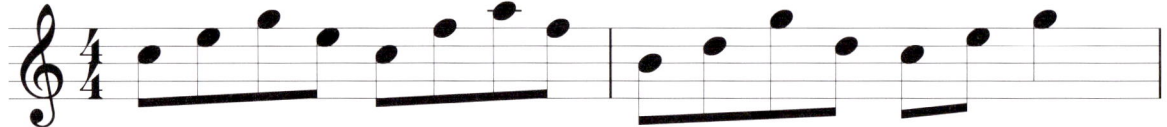

SPIELE

1 Über diesem Feld kreist ein hungriger Vogel auf der Suche nach Beute. Ist er geschickt genug, um Futter zu finden?

Auf dem Spielfeld sind waagrecht die Tonarten (Großbuchstaben: Dur, Kleinbuchstaben: Moll) und senkrecht die Hauptstufen der Tonleiter eingetragen: **T**onika, **S**ubdominante und **D**ominante.

Im blinden Flug sucht ihr euch jetzt ein Kästchen aus – am besten mit einem weichen Bleistift, damit man ab und zu das Feld wieder sauber radieren kann.

Landet ihr z. B. im oberen linken Kästchen, so benennt möglichst schnell den Treffer: „Tonika in A-dur heißt A-dur, a – cis – e."

Am meisten Spaß macht das Spiel im Wettbewerb: Wer hat am meisten richtige Treffer in einer Minute?

Eure Lehrer führen dazu eine Strichliste – pro Volltreffer ein Strich.

Wer Einzelunterricht hat, kann den Wettbewerb mit sich selbst führen: Von einer Woche auf die nächste kann man sich um einiges verbessern.

	A	C	e	a	H	d	g	F	E	B	D	c	h	f	G	b
T																
S																
D																
T																
S																
D																
T																
S																
D																

2 Dieses Spiel eignet sich für Gruppen mit mindestens drei Spielern (Melodie-instrumente).

Jeder Mitspieler bekommt eine Aufgabe zuge-wiesen: Grundton-, Terz- oder Quintspieler. Wir setzen nacheinander ein und spielen einen zuvor bestimmten Dreiklang.

Wenn alle Spieler durchgewechselt haben und die Sache gut geübt ist, können wir unser eigentliches Spiel beginnen.

Wir spielen eine Kadenz mit lauter Grundformen, langsam und mit aufmerksamen Ohren. Ein Spielleiter bestimmt mit leichtem Kopfnicken, wann wir beginnen und wann wir aufhören zu spielen. Dies muss alles – wie bei einem guten Orchester – gemeinsam geschehen.

Hinweis:

Am einfachsten wird es wohl der Grundton-Spieler haben. Um den beiden anderen Spielern ihre Aufgabe zu erleichtern, solltet ihr vor Spiel-beginn eine kleine Denkpause für alle einlegen.

3 Und hier noch ein kleiner Kanon für eure dreistimmige Gruppe, dem ihr nach diesem Kapitel sicher leicht auf die Spur kommt. Was erkennt ihr?

Dieser Kanon kann natürlich auf allen Instrumen-ten gespielt werden. Oder ihr singt ihn – mit einem selbst erfundenen Text!

Tipp für Klavierspieler

Spielt den Kanon sechshändig zu dritt am Klavier, beide Hände spielen dasselbe im Abstand einer Oktave.

Und noch ein Vorschlag für die Unermüdlichen: Versucht, den Kanon in eine andere Tonart zu übertragen (zu „transponieren").

Die Geheimschrift der Harmonielehre

Eine Geheimschrift kann nur von Eingeweihten gelesen werden, denn sie bedient sich eigener Zeichen.

In der Musik gibt es eine Kurzschrift aus Buchstaben, die die Aufgaben (= Funktionen) der einzelnen Dreiklänge bezeichnet: die Funktionsschrift.

Von den drei Herrschaften, die sich auf S. 46 schon vorgestellt haben, kennen wir bereits die Funktion (Tonika, Subdominante und Dominante) und deren Schreibweise: **T**, **S** und **D**. Auf der nächsten Seite findet ihr die Geheimschrift der Musik noch einmal vollständig zusammengestellt.

Stufe der Tonleiter	Beispiel in C-dur	Funktion	abgekürzte Schreibweise
I		Tonika	T
II		Mollparallele der Subdominante	Sp
III		Mollparallele der Dominante	Dp
IV		Subdominante	S
V		Dominante	D
VI		Mollparallele der Tonika	Tp
VII		Verkürzter Dominantsept-Akkord (siehe nächstes Kapitel)	Ð⁷

Dieser Akkord ist so wichtig, dass er ein eigenes Kapitel bekommt – schwer zu begreifen ist er nicht.

Wie fast alle Musikwörter kommt auch das Wort Akkord aus dem Lateinischen und bedeutet das Zusammenklingen von mindestens drei Tönen. Unser bekanntes Wort „Dreiklang" passt hier aus einem ganz einfachen Grund nicht:

Der Dominantsept-Akkord ist ein Vierklang, und das Wort sagt uns schon, wie er sich zusammensetzt:

Dominant	- Sept	- Akkord
Dreiklang der V. Stufe	+ Septime	= Vierklang

in C-dur:

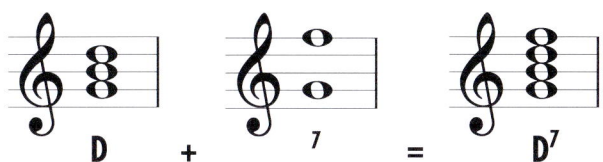

D + 7 = D⁷

In unserer Geheimschrift schreiben wir den Dominantsept-Akkord abgekürzt so: D^7

Und was haben wir davon?

Wir kennen schon die Eigenschaft der Dominante, stets zur Tonika führen zu wollen.

Fügen wir zur Dominante jetzt auch noch die kleine Septime hinzu, so wird ihr Drang zur Tonika noch stärker.

Warum?
Lange Zeit empfand man die kleine Septime als scharfe Dissonanz (vgl. Seite 43), die man nur dann hören wollte, wenn gleich darauf die lösende Konsonanz erklang, und zwar so:

Die Septime löst sich abwärts auf.

Dies tut sie immer, auch wenn der D^7 nicht „gerade" steht, denn auch diesen Akkord gibt es in Umkehrungen.

Die Umkehrungen des **D**⁷ und seine
Weiterführung zur Tonika:

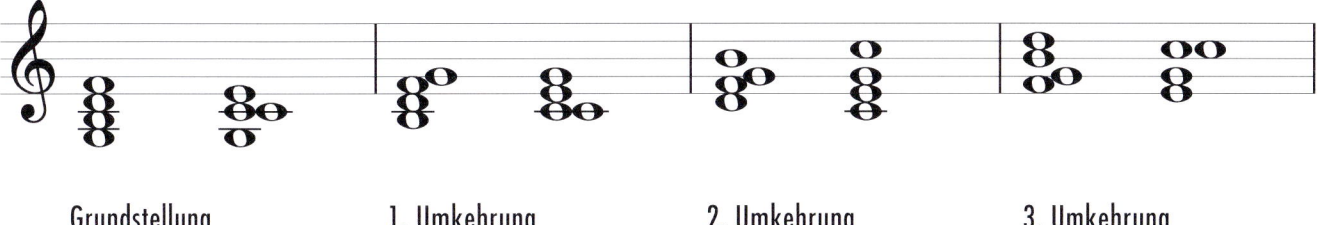

Grundstellung   1. Umkehrung   2. Umkehrung   3. Umkehrung

Anmerkung für besonders Interessierte:
Der verminderte Dreiklang, der auf der VII. Stufe
einer Tonleiter steht (siehe Seite 45), sieht dem
Dominantsept-Akkord sehr ähnlich.

Die VII. Stufe klingt wie ein Dominantsept-
Akkord ohne Grundton und hat auch dieselbe
Aufgabe, nämlich zur Tonika zu führen.
Man kann die VII. Stufe daher einen **verkürzten
Dominantsept-Akkord** nennen und dies so
abkürzen: **Ø**⁷.

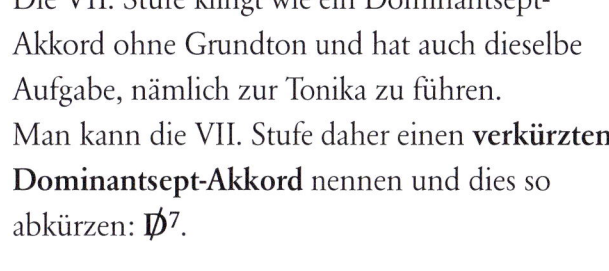

VII   V⁷

SPIELE

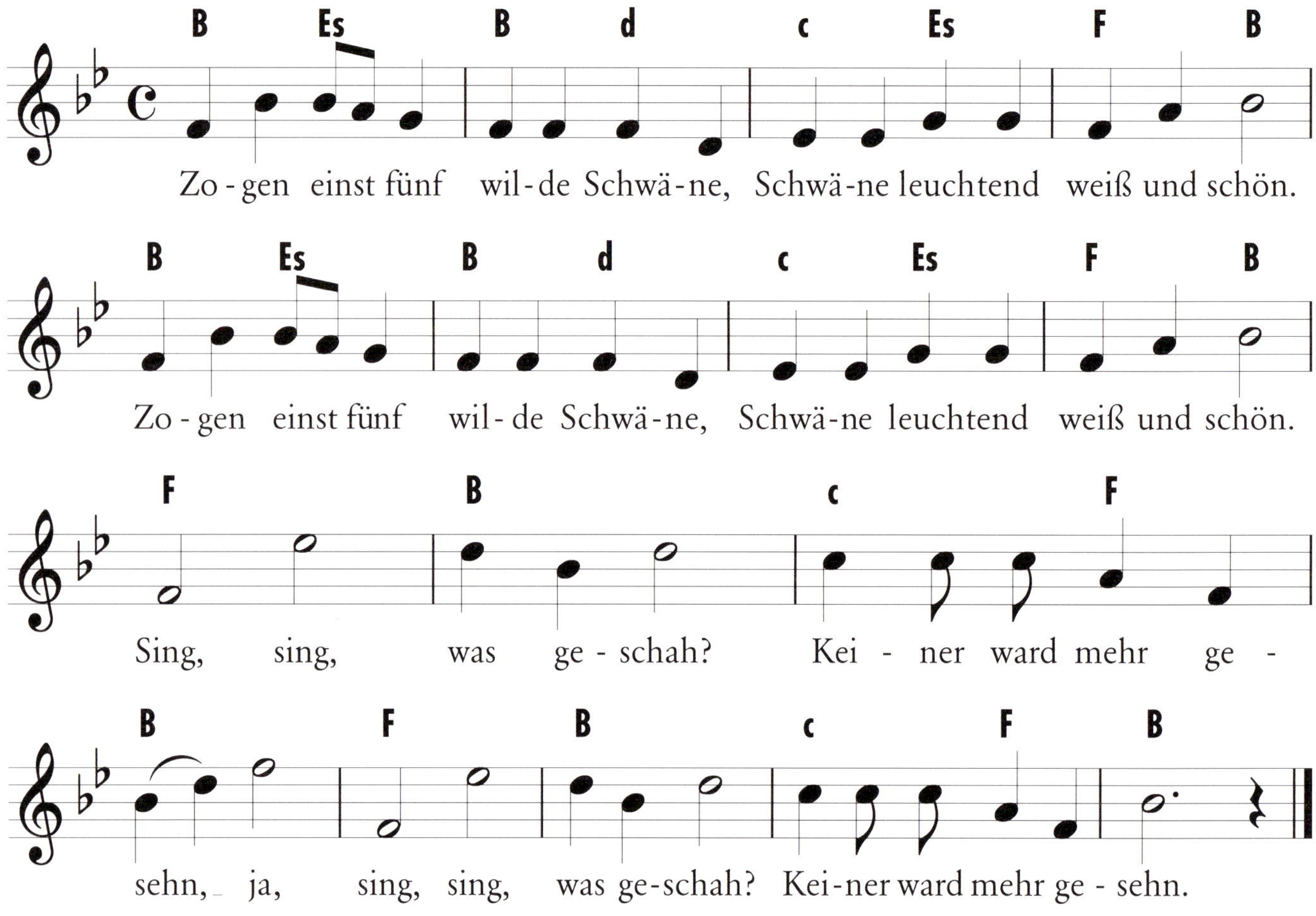
B Es B d c Es F B
Zo-gen einst fünf wil-de Schwä-ne, Schwä-ne leuchtend weiß und schön.
B Es B d c Es F B
Zo-gen einst fünf wil-de Schwä-ne, Schwä-ne leuchtend weiß und schön.
F B c F
Sing, sing, was ge-schah? Kei-ner ward mehr ge-
B F B c F B
sehn, ja, sing, sing, was ge-schah? Kei-ner ward mehr ge-sehn.

1 Dieses Volkslied steht hier, weil es einen verborgenen **D**[7] mit Auflösung zur Tonika enthält.
Wer hat die Stelle schon entdeckt?
Spielt oder singt das Lied so oft, bis ihr sie gefunden habt.
Für Gitarrenspieler stehen zum Begleiten Akkordsymbole in den Noten.

Lösung

Sing, sing, was ge-schah?

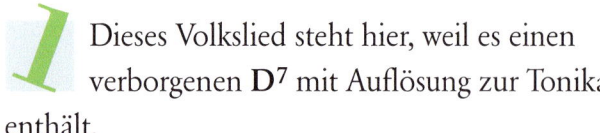

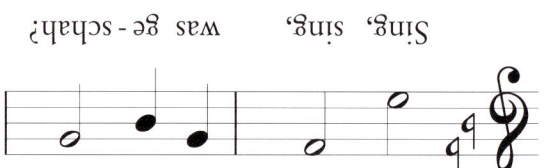

Die Stelle ist also schon gefunden – aber ein vollständiger Dominantsept-Akkord ist das nicht. Wir ändern die Melodie an dieser Stelle ein wenig ab

Sin-ge, sin-ge,   was ge-schah?

und schon haben wir einen perfekten D^7 mit anschließender Tonika.

☞   Spielt diese kurze Melodie auswendig.

☞   Spielt sie von verschiedenen Ausgangstönen aus, d. h. übertragt (transponiert) sie in andere Tonarten.

☞   Spielt die Melodie im Gehen (Pianisten und Cellisten im Sitzen) und bleibt an irgendeiner Stelle plötzlich stehen. Gleichzeitig hört ihr zu spielen auf – euer Zuhörer muss die Melodie auf dem eigenen Instrument zu Ende spielen.

2   Ihr bekommt folgenden Ton-Vorrat:

Je nach der von euch gewählten Tonart enthält jede Kiste bestimmte Töne, nämlich die des Dominantsept-Akkords bzw. die des Tonikadreiklangs.

☞   Erfindet selbst kleine Melodien mit dem Bauplan $D^7 \rightarrow T$.

☞   Spielt euren Zuhörern eure Erfindung vor, so dass sie sie selbst nachspielen können.

Je klarer eine Melodie in Takt und Rhythmus ist und je sauberer sie vorgespielt wird, desto rascher bekommt ein Zuhörer sie ins Ohr und kann sie selbst nachspielen.

DIE MODULATION

Bunt sind schon die Wäl - der, gelb die Stop - pel - fel - der, und der Herbst be - ginnt. Ro - te Blät - ter fal - len, grau - e Ne - bel wal - len, küh - ler weht der Wind.

Mit diesem herbstlichen Lied geht unsere Harmonielehre dem Ende zu. Das schöne Hintergrundbild soll nicht nur einen bunten Abschluss des Buches geben, sondern es macht uns auf ein weiteres Geheimnis unserer Musik aufmerksam. Das Lied macht einen kleinen Ausflug, einen kurzen Abstecher in andere Regionen.

Bunt sind schon die Wäl – der,   gelb die Stop - pel - fel - der,

Ro - te Blät - ter   fal - len,

grau - e Ne - bel wal - len,   küh - ler weht der Wind.

Tonika: G-dur
Dominante: D-dur

Tonart des Ausflugs: D-dur

und   der Herbst be - ginnt.

Tonika: D-dur
Dominante: A-dur
Hier hat eine neue Tonika die alte abgewechselt.
Jetzt heißt die Tonika D-dur.

Ausflüge bringen Abwechslung und man lernt
neue Gebiete kennen. Aber sie wollen geplant
sein, damit keine unliebsamen Überraschungen
auftreten.
Wie wird der Ausflug vorbereitet?

Die schon bekannte
Dominante ...

... in das neue Gebiet
mit der Tonika D-dur ...

... und mit der eigenen
Dominante A-dur.

Man sagt: Die Dominante wird **umgedeutet**
in die Tonika. Wir nennen, um Verwechslungen
zwischen „alter"und „neuer" Dominante
auszuschließen, die neue Dominante
entweder **Doppeldominante (DD)**

z. B. in C-dur:

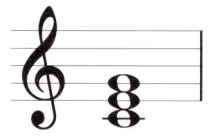

(Wenn die neue Dominante ...

... zur Dominante ...

... der alten Tonika führt)

oder **Zwischendominante (D →)**

z. B. in C-dur:

(Wenn die neue Dominante …   … zu irgendeiner anderen Stufe führt.)

Je nachdem, wie lange ein so vorbereiteter Ausflug in andere Tonarten dauert, gibt es dafür verschiedene Bezeichnungen.
Ein kurzer Abstecher wird als **Ausweichung** bezeichnet, eine ausführliche Reise heißt **Modulation.**

Natürlich ist bei einem einfachen Volkslied oder in kleineren Stücken nur eine kurze Modulation möglich. In längeren Werken bauen Komponisten größere und schwierigere Modulationen ein, die wir erst nach einem gründlichen Studium der Musik verstehen können.

THE ONE AND ONLY
MR. MODULATOR,

SPIELE

Hier ein kleiner Ausflug von C-dur nach F-dur:

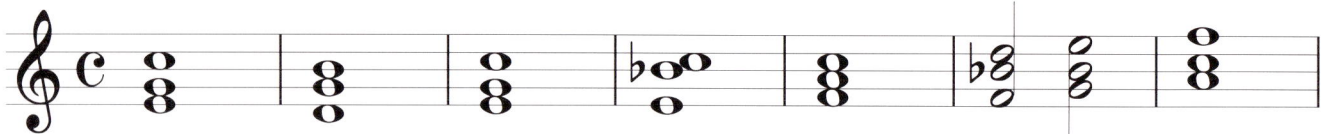

Rollt beide Teppiche aus, so dass sie sich dort überlappen, wo von einer Tonart in die andere übergegangen wird. Könnt ihr nun die Dreiklänge mit **T** (Tonika), **S** (Subdominante) und **D** (Dominante) benennen und so die beiden Teppiche beschriften?

2 Spielt diese Lieder.
Für Gitarristen stehen Akkordsymbole zum Begleiten in den Noten.

In jedem Lied steckt eine Ausweichung in eine andere Tonart. Wer erkennt sie?
Könnt ihr erklären, welcher Dreiklang umgedeutet wird?

Viel Freu - den mit sich brin - get die schö - ne Som - mer-
Im grü - nen Wald jetzt sin - get wied - rum in Freu - dig-

zeit.
keit.
Ohn Un - ter-lass mit hel - lem Schall aus ih - rem Häls - lein

zart sehr schön und fein Frau Nach-ti-gall, kein Müh und Fleiß sie spart.

Die gül - de - ne Son - ne bringt Le - ben und Won - ne, die Fins - ter-nis

weicht. Der Mor-gen sich zei - get, die Rö - te auf - stei-get, der Mon - de ver - bleicht.

Nach grü - ner Farb mein Herz ver - langt in die - ser trü - ben Zeit.
Der grim - mig Win - ter währt so lang, der Weg ist mir ver - schneit.

Die sü - ßen Vög - lein jung und alt, die hört man lang nit meh: das tut des ar - gen

Win - ters Gwalt, der treibt die Vög - lein von dem Wald mit Reif und kal - tem Schnee.